POÈMES INCONGRUS

MAC-NAB

Poèmes Incongrus

SUITE AUX

POÈMES MOBILES

CONTENANT

SES NOUVEAUX MONOLOGUES ET DERNIÈRES CHANSONS

Ils sont tous rigolos !
Coquelin Cadet.

Avec une Préface de VOLTAIRE

PARIS

LÉON VANIER, BIBLIOPOLE

19, QUAI SAINT-MICHEL, 19

1891

AVANT-PROPOS

Le 2 novembre dernier, jour des morts, à l'heure de minuit, l'auteur et l'éditeur des *Poèmes incongrus*, aidés de deux passants de bonne volonté, ont évoqué l'esprit de Voltaire, afin d'obtenir de ce grand écrivain une préface pour lesdits poèmes.

Nous indiquons ce moyen aussi simple qu'ingénieux aux jeunes poètes embarrassés pour arracher quelques lignes à un auteur vivant.

Il suffit d'avoir une table, un crayon et une feuille de papier.

Quatre bourgeois se mettent autour et ça tourne, ça tourne, et l'on a sa petite préface signée soit de Virgile, soit de Rabelais, soit, comme la nôtre, de Voltaire.

Nous reproduisons cette préface *in extenso*. L'original est déposé à la Bibliothèque Nationale, salle des manuscrits.

———

PRÉFACE

❧

Me voilà! me voilà!

Hélas! depuis que l'on m'a chassé du Panthéon, maintenant que je ne sais plus-moi-même où sont mes os, mon âme est réduite à habiter dans les tables.

Étrange demeure qu'un guéridon!

Voilà un siècle que je suis mort, et il faut que j'écrive des préfaces!

(Allongez donc vos bras, ça ne tourne plus!)

Enfin je m'exécute de bonne grâce; puis-je refuser ce léger service à un poète incongru?

Je connais Mac-Nab pour l'avoir entendu maintes fois au Chat Noir. *Car mon esprit hante aussi les tables du* Chat Noir. *Tables massives, que je m'efforce en vain d'agiter: les pieds glissent sur le parquet avec un bruit sourd auquel on attribue une autre cause; et l'on ne* manque pas de dire à cette occasion : « C'est la faute à Voltaire ! »

Véritablement, mes chers arrière-petit-fils, je vous trouve étonnants.

Vous avez retrouvé le secret du bon rire rabelaisien que je n'ai pas connu.

(Attention donc, le crayon va se détacher !)

De mon vivant je n'ai jamais ri ; ou bien si j'ai ri, c'était pour mieux mordre.

Il est vrai que je me rattrape bien à présent.

Si vous saviez comme on s'amuse en enfer ! Il y fait un peu chaud, par exemple, mais on peut se mettre à son aise.

Ah ! mes petits agneaux, quelles bonnes parties on y fait !

Il y a là Néron, Cartouche, Borgia, Gamahut.... nous rions ensemble comme des damnés.

Mon cher Mac-Nab, je veux vous présenter à ces messieurs, ainsi qu'à nos excellents directeurs Belzébuth et Satanas.

Ce sont de bons diables, vous leur direz quelques poèmes. Pas la ballade des POÊLES MOBILES, ils n'y verraient que du feu. Mais plutôt celles des DERRIÈRES FROIDS, ça leur fera passer un petit frisson dans les moelles.

Justement ils vont donner prochainement un punch de famille pour célébrer l'anniversaire du paradis perdu. Venez donc sans cérémonie, bon Mac-Nab, il y aura des pleurs et des grincements de dents.

Mais revenons à notre préface.

Je la résume en deux mots : Jeunes gens, soyez joyeux, soyez épanouis. Que le rire éclate chez vous, franchement gaulois, et vous ne serez point méchants, et la postérité vous aimera, et les poètes de l'avenir ne vous demanderont pas si vous dormez contents.

Gloire à ceux qui rient et qui font rire les autres. Ils sont les véritables bienfaiteurs de l'humanité, car le rire désarme les passions, et quelle passion n'est pas notre plus cruelle ennemie ?

Encore un mot.

Je voudrais bien, messieurs, savoir pourquoi, sur le quai qui porte mon nom, on m'a élevé une si vilaine statue.

Ai-je jamais été fagoté comme cela ?

Parlez-en, je vous prie, aux échevins de la bonne ville de Paris.

Eux qui sont si habiles à changer le nom des rues pourront peut-être m'enlever de là, ou du moins me placer de telle façon que je n'aie pas l'air de tourner le dos à l'Institut.

Eh bien, messieurs, êtes-vous contents de ma préface ?

J'ai fait ce que j'ai pu et je vous demande seulement d'excuser mon griffonnage ; c'est votre faute, car, entre nous, vous avez là un fichu crayon !

VOLTAIRE.

LE BAL DE L'HÔTEL DE VILLE

Un soir j'dis à ma femme : « Faudrait
  Qu'j'aille à l'Hôtel de Ville :
Y a z'un bal épatant, paraît
  Qu'on n's'y fait pas trop d'bile ! »
    « Mais mon homm', qu'ell' dit,
    Tu n'as pas d'habit ! »
   « Bah ! c'est pas ça qui m'gène :
    Pass'-moi mon complet
    Qu't'as rafistolé
   Pour là noce à Ugène ! »

J'arrive à la porte du bal,
  J'vois des gens qu'on salue,
C'est tout l' conseil municipal
  Debout en grand' tenue :
    Des complets marrons
    Et des chapeaux ronds,
  Dam, c'est pas d'la p'tite bière ;
    Tous ces gaillards-là,
    Ils ont pigé ça
 A la Bell' Jardinière !

J'entre et j'tomb' dans un restaurant
Où d'un coup d'œil rapide
J'avise un espèc' de croquant
Qui versait du liquide.
J'avale un d'mi-s'tier
Et j'tends pour payer
Quarant' sous au bonhomme.
Il me dit : « *Monsieurr*,
Vous faites erreur,
C'est à l'œil qu'on consomme ! »

Quand j'ai vu ça j'm'en suis flanqué
Par-dessus les oreilles !
Jamais j'avais tant tortillé
Ni tant sifflé d'bouteilles.
Comme on peut pas tout
Manger d'un seul coup,
J'en ai mis plein mes poches.
Quand on a bon cœur,
On pense à sa sœur,
A sa femme, à ses mioches !

Après ça j'arrive en m'prom'nant
Dans l'fumoir où qu'l'on fume.
Je m'assois et j'tir' tranquill'ment
Mon brûl'-gueul' que j'allume.
Mais v'là qu'un larbin,
Pour fair' le malin,

M'tend un' boît' de cigares.
J'la mets sous mon bras,
Des panatellas !
Quel coup pour la fanfare !

Soudain j'me dis : « C'est pas tout ça,
T'es au bal, faut qu'tu danses
Et qu'tu montr' à tous ces muff'là
Qu'tu connais les conv'nances ! »
J'fais l'tour du salon
Comme un papillon,
Et j'dégote un' bell' brune :
« Madam', que j'y dis,
V'là mon abatis,
Nous allons en suer une ! »

« Pardon, fait un vilain gommeux,
C'est moi qui l'a r'tenue. »
Alors on s'attrap' tous les deux,
J'arrach' sa queue d'morue.
Y m'pouss' dans un coin
Et m'colle un coup de poing
Sans mêm' que j'y réponde.
Et voilà comme on
R'çoit des coups d'tampon
Quand on va dans l'grand monde !

J'ai l'œil poché, mais c'est égal,
J'ai rigolé tout d'même,
Car, voyez-vous, un pareil bal,
Faut avouer qu'c'est la crème.
Le nec plus ultra.
C'est qu'à c't'endroit-là
Ça coût' pas un centime.
Aussi, nom d'un chien.
Je r'piqu' l'an prochain
Avec ma légitime !

L'EXPULSION

On n'en finira donc jamais
Avec tous ces n. de D. de princes ?
Faudrait qu'on les expulserait,
Et l'sang du peup' il crie vingince !
Pourquoi qu'ils ont des trains royaux ?
Qu'ils éclabouss' avec leur luxe
Les conseillers municipaux
Qui peut pas s'payer des bell' frusques ?

D'abord les d'Orléans pourquoi
Qu'ils marient pas ses filles en France
Avec un bon vieux zig' comme moi
Au lieur du citoyen Bragance ?
Ousqu'elle est leur fraternité ?
C'est des mufl' sans délicatesse.
On leur donne l'hospitalité,
Qu'ils nous f... au moins leurs gonzesses !

Bragance on l'connaît c't'oiseau-là,
Faut-il qu'son orgueil soye profonde !
Pour s'êt' f... un nom comm' ça.
Peut donc pas s'appeler comm' tout l'monde ?
Pourquoi qu'il nag' dans les millions
Quand nous aut' nous sont dans la dèche ?
Faut qu'on l'expulse aussi... mais non,
Il est en Espagne, y a pas mèche !

Ensuite, y a les Napoléons
Qui fait des rêves despotiques.
Il coll' des affich' aux maisons
· Pour embêter la République.
Plonplon, si tu réclam' encor,
On va t'fair' passer la frontière,
Faut pas rater non plus Victor,
Il est plus canaill' que son père !

Moi, j'vas vous dire la vérité :
Les princ' il est capitalisse,
Et l'travailleur est exploité
C'est ça la mort du socialisse !
Ah ! si on écoutait Basly,
On confisquerait leur galette,
Avec quoi qu'l'anarchisse aussi
Il pourrait s'flanquer des noc' chouettes !

Les princ' c'est pas tout : plus de curés,
Plus de gendarmes ni d'mélétaires !
Plus d'richards à lambris dorés,
Qui boit la sueur des prolétaires !
Qu'on expulse aussi Léon Say
Pour que l'mineur il s'affranchisse,
Enfin que tout l'monde soye expulsé,
Il rest'ra plus qu'les anarchisses !

LE PENDU

Un garçon venait de se pendre
Dans la forêt de Saint-Germain,
Pour une fillette au cœur tendre
Dont on lui refusait la main.
Un passant, le cœur plein d'alarmes,
En voyant qu'il soufflait encor,
Dit : « Allons chercher les gendarmes, ⎱ bis.
Peut-être bien qu'il n'est pas mort! » ⎰

Le gendarme, sans perdre haleine,
Enfourche son grand cheval blanc.
Arrivé chez le capitaine,
Il conte la chose en tremblant :
« Un jeune homme vient de se pendre;
A son âge, quel triste sort!
Faut-il qu'on aille le dépendre, ⎱ bis.
Peut-être bien qu'il n'est pas mort? » ⎰

L'officier, frisant sa moustache,
Se redresse et répond soudain :
« Vraiment c'est une noble tâche
Que de soulager son prochain ;
Cependant je n'y puis rien faire,
Ça n'est pas de notre ressort.
Courez donc chez le commissaire, } bis.
Le pendu vit peut-être encore ! »

Le commissaire sur la place
Se rendit, c'était son devoir.
D'un coup d'œil embrassant l'espace,
Il cria de tout son pouvoir :
« Un jeune homme vient de se pendre,
Accourons avec du renfort.
Emportons de quoi le dépendre, } bis.
Peut-être bien qu'il n'est pas mort ! »

Vers le bois on accourt en troupe,
On arrive en soufflant un peu.
On saisit la corde, on la coupe,
Le cadavre était déjà bleu.
Sur l'herbe foulée on le couche.
Un vieux s'approche et dit : « D'abord,
Soufflez-lui de l'air dans la bouche, } bis.
C'est pas possible qu'il soit mort ! »

Les amis pensaient : « Est-ce drôle
De se faire périr ainsi ! »
La fillette, comme une folle,
Criait : « Je veux me pendre aussi ! »
Mais les parents, miséricorde,
Murmuraient en pleurant bien fort :
« Partageons-nous toujours la corde, ⎫
Elle est à nous, puisqu'il est mort ! » ⎭ *bis.*

LE GRAND MÉTINGUE
DU MÉTROPOLITAIN

❀

C'était hier samedi jour de paye
Et le soleil se levait sur nos fronts ;
J'avais déjà vidé plus d'un' bouteille
Si bien qu'jamais j'm'avais trouvé si rond.
V'là la bourgeois'qui rapplique devant l'zingue :
« Brigand, qu'ell' dit, t'as donc lâché l'turbin! »
Oui que j'réponds, car je vais au métingue; ⎫
Au grand métingu' du Métropolitain !   ⎭ *(Bis.)*

Les citoyens dans un élan sublime,
Etaient venus guidés par la raison.
A la porte, on donnait vingt-cinq centimes,
Pour soutenir les grèves de Vierzon.
Bref, à part quat' municipaux qui chlingue
Et trois sergots déguisés en pékins,
J'ai jamais vu de plus chouette métingue ⎱ (Bis.)
Que le métingu' du Métropolitain! ⎰

Y avait Basly, le mineur indomptable,
Camélinat, *l'orgueille* du pays...
Ils sont grimpés tous deux sur un' table,
Pour mettre la question sur le tapis.
Mais tout à coup on entend du bastringue,
C'est un mouchard qui veut faire le malin,
Il est venu pour troubler le métingue, ⎱ (Bis.)
Le grand métingu' du Métropolitain : ⎰

Moi j'tomb' dessus, et pendant qu'il proteste,
D'un grand coup d'poing j'y renfonc' son chapeau ;
Il déguerpit sans demander son reste,
En faisant signe aux quat' municipaux ;
A la faveur de c'que j'étais brind'zingue
On m'a conduit jusqu'au poste voisin...
Et c'est comm' ça qu'a fini le métingue, ⎱ (Bis.)
Le grand métingu' du Métropolitain! ⎰

Peuple français, la Bastille est détruite,
Il y a z'encore des cachots pour tes fils !...
Souviens-toi des géants de quarante-*huite*
Qu'étaient plus grands qu'ceuss'd'aujour d'aujourd'hui
Car c'est toujours l'pauvre ouverrier qui trinque,
Mêm' qu'on le fourre au violon pour un rien...
C'était tout de même un bien chouette métingue
Que le métingu' du Métropolitain !

} *(Bis.)*

LE BANQUET DES MAIRES

Enfant gâté de mon canton,
Depuis quatorze ans je suis maire,
Bien que je me flatte, dit-on,
D'être un peu réactionnaire.
Un beau matin monsieur Floquet
Mé dépêche une circulaire.
Il me convie au grand banquet $\}$ *(Bis.)*
Que nous offre le Ministère!

« Je t'en prie, Hector, n'y va pas,
Me disait en pleurant ma femme;
Ils ont inventé ce repas
Pour se faire de la réclame! »
Mais je lui répondis : « Tais-toi,
Joséphine, c'est mon affaire,
Je ne suis pas fâché, ma foi, $\}$ *(Bis.)*
De voir de près ce Ministère! »

Je pars la veille du grand jour
Suivi de toute la fanfare,
Les pompiers viennent à leur tour,
M'accompagner jusqu'à la gare.
Mille gamins poussent des cris ;
Faut-il que je sois populaire!
Le voyage est à moitié prix ;
Un bon point pour le Ministère ! } (*Bis.*)

Nous étions quatre mille et plus
Entassés dans la grande salle.
Un vrai festin de Lucullus!
A sa place chacun s'installe.
Un grand laquais d'un air narquois
Sans cesse me remplit mon verre;
C'est du bordeaux de premier choix, } (*Bis.*)
Ne blaguons plus le Ministère.

« Monsieur, murmure près de moi
Un maire habitant des montagnes,
Vraiment je ne sais pas pourquoi
Ça va si mal dans nos campagnes! »
— Oui, m'écriai-je tout à coup,
Chez nous non plus ça ne va guère!
En attendant buvons un coup } (*Bis.*)
A la santé du Ministère! »

On n'entendait plus d'autre bruit
Que le craquement des mâchoires;
Floquet n'avait pas d'appétit,
Mais il calculait ses victoires!
Vrai Dieu! sommes-nous bien traités!
On nous prend par la bonne chère.
Passez-moi les petits pâtés, } (*Bis.*)
Vive à jamais le Ministère! }

Neuf heures! il faut s'en aller,
Tant pis, car la cuisine est bonne.
Je sens mes jambes flageoler,
A mes voisins je me cramponne!
Cahin, caha, chacun partait,
Trébuchant et roulant par terre :
Braves gens! murmurait Floquet. } (*Bis.*)
Ils soutiendront le Ministère! }

COMPLAINTE

DU BIENHEUREUX LABRE

Un jour le bienheureux Labre
Se promenait au soleil.
Il s'assit dessous un arbre
Pour se livrer au sommeil.
Vint à passer un pauvre homme
Tout nu, qui tremblait de froid,
En faisant des gestes comme
Un ministre sans emploi.

Ah! pauvre homme, je devine
Pourquoi tu trembles si fort.
Prends pour couvrir ton échine
Ma ch'mise en toile d'Oxford.
Voilà quinze ans que j'la traîne
Jour et nuit par tous les temps.
Que Dieu sous sa garde prenne
Les puces qui sont dedans!

Quand le pauvre eut mis la ch'mise
Il tremblait toujours autant !
Maint'nant faut contre la bise
Garantir ton bienséant.
Ami, voilà ma culotte,
Garde-la comme un trésor,
C'est la premièr' fois que j'l'ôte
Depuis mon tirage au sort !

Quand il eut couvert son torse,
Le pauvre tremblait encor !
Mais sous une rude écorce
Le saint cachait un cœur d'or.
Tiens, dit-il, dans ces chaussettes
Mets tes pieds avec respect,
C'est celles des grandes fêtes,
J'ai fait l'tour du monde avec.

Quand il eut mis les chaussettes,
Le pauvre tremblait encor.
Ami, couvre-toi la tête
De ce modeste castor,
Garde-toi de mettre en gage
Ce souvenir précieux,
Car c'est l'unique héritage
Que m'aient laissé mes aïeux !

Quand il eut coiffé le feutre
Le pauvre tremblait encor.
Ah! dit l'saint, quoi donc lui feutre,
Pour l'arracher à la mort?
Dis-moi, quelle est ta souffrance,
Pourquoi que tu trembl' ainsi?
— C'est que depuis ma naissance
J'ai la danse de Saint-Guy!

BALLADE

DES DERRIÈRES FROIDS

INTRODUCTION

Gloire soit aux fiers bienséants
Qui règnent sous les jupons blancs !
Doux hémisphères ambulants.

Mappemonde trois fois divine
Que le philosophe devine
Sous chaque croupe féminine !

C'est un pays mystérieux
Qui ne laisse rien voir aux yeux
De ses contours harmonieux !

Température tropicale,
Sol de satin, ciel de percale,
Chacun voudrait y faire escale.

Car ces rivages clandestins
Sont des paradis plus certains
Que ne sont ceux des sacristains.

Vers eux nous naviguons sans cesse
Dès notre plus tendre jeunesse,
Et mon rêve serait, princesse,

De posséder rien que l'envers
De l'intéressant univers
Que chantent mes modestes vers!

BALLADE

DES DERRIÈRES FROIDS

❧

Aux baisers caressants de vos lèvres câlines,
O femmes, j'ai parfois ranimé mes ardeurs,
En votre chair rosée enfonçant mes canines
J'ai déjeuné d'amour et dîné d'impudeurs
Au fond de vos boudoirs pleins d'exquises odeurs ;
Et pourtant, c'est en vain que ma main promenée
Sur vos reins a cherché la chaleur incarnée :
Séjour incombustible ainsi qu'un coffre-fort
Où j'ai trouvé toujours (étrange destinée)
La froideur du derrière, image de la mort !

Explorateur hardi des formes féminines,
Que j'ai doublé de caps et franchi d'équateurs !
J'ai vu des reins maigris par les longues famines
Et d'autres étalant d'étonnantes rondeurs,
Et je jure que tous ont les mêmes froideurs !
Aussi quand la luxure ardente, irraisonnée,
Dans les chauds soirs d'automne, ou dans la matinée,
Invisible serpent me poursuit et me mord,
Je redoute à l'égal d'une arme empoisonnée
La froideur du derrière, image de la mort !

N'allez-vous pas bientôt, ô froides messalines,
De vos volcans éteints rallumer les splendeurs ?
Trop longtemps les frimas qui glacent ces collines
Ont prodigué l'onglée à nos doigts maraudeurs
Qui s'en vont, des plaisirs légers ambassadeurs !
Ce qu'il nous faut à nous, viveurs, dont l'hyménée
N'a pas encore tari l'âme passionnée,
C'est la zone torride et non le pôle nord !
Femmes jeunes, laissez à la beauté fanée
La froideur du derrière, image de la mort !

ENVOI

O princesse sans cœur, dont pendant une année
Je n'ai pu réchauffer le royal périnée,
Jetez au feu ces vers qui flamberont bien fort,
Pour chasser un moment de votre chair damnée
La froideur du derrière, image de la mort !

LES CULS-DE-JATTE

Levant leurs têtes incongrues,
Les culs-de-jatte dans les rues
Implorent les foules bourrues.

Ils vont sans jamais se lasser,
Et se servent pour avancer
De simples fers à repasser.

Rangés sur les places publiques
Comme les moineaux pacifiques
Le long des fils télégraphiques,

Ils reposent leur fondement
Sur le sol du gouvernement
Sans payer l'enregistrement !

Chacun d'une voix lamentable
Harcèle une âme charitable :
C'est un vacarme épouvantable !

La police à ce concerto
Oppose parfois son veto,
Ça les fait rompre subito.

L'un à l'autre accrochés en grappe
Ils s'en vont d'étape en étape
Et jamais on ne les rattrape !

Grâce, éternels persécuteurs,
Pincez plutôt les malfaiteurs,
Ces éclopés sont électeurs.

Ces éclopés, toute leur vie,
Ont une table bien servie,
Ah ! je comprends qu'on leur envie

Le bonheur de ne marcher pas !
C'est si fatigant ici-bas
D'allonger toujours ses compas,

Quand, paria de la nature,
On peut avec désinvolture
Traîner son derrière en voiture !

Souvent ils se battent entre eux
Et mordent le pavé boueux
En se tenant par les cheveux.

Mais un confrère les ramasse,
Chacun rajuste sa tignasse,
Et l'on déjeune à Montparnasse.

O bienheureux estropiés
Qui buvez comme des pompiers
Et n'avez point de cors aux pieds !

Toujours sans remords, sans alarmes,
Vous engraissez comme des carmes
Et ne craignez pas les gendarmes.

Car avec un tronc raccourci
L'on n'a jamais d'autre souci
Que de dire au passant : « Merci ! »

Enfin, loin de la politique,
Le bon cul-de-jatte fabrique
Des enfants pour la République.

Et lorsque, devenu très vieux,
Après un passé vertueux
Il va rejoindre ses aïeux,

Son âme vers les cieux s'envole
Dans une éclatante auréole,
Alors on voit, touchant symbole,

Tous ses camarades en deuil
Pleurer autour de son cercueil,
En buvant du vin d'Argenteuil.

'PRIÈRE

Seigneur, rendez-moi cul-de-jatte,
Et plus sage que feu Socrate,
Point ne me foulerai la rate.

Je m'humecterai de médoc,
Chaque soir je boirai mon bock,
Et j'irai dans les *five o'clock !*

Vins fins et chère délicate
Teindront mon nez en écarlate.
Seigneur, rendez-moi cul-de-jatte !

LE CLYSOPOMPE

N'auriez-vous pu, madame, à mes regards cacher
L'objet dont vous ornez votre chambre à coucher.
Je suis observateur, et, si je ne me trompe,
Le bijou dont je parle était un clysopompe !

Jamais on n'avait vu pareil irrigateur !
Orné d'un élégant tuyau jaculatoire,
Vers le ciel il tendait sa canule d'ivoire.
Spectacle sans égal pour l'œil d'un amateur !

Sur la table de nuit dans l'ombre et le mystère,
Sans doute il attendait votre prochain clystère...
Mais qu'importe si j'ai d'un regard indiscret
De vos ablutions pénétré le secret !

Ce qu'il faut vous conter, c'est que la nuit suivante
Un cauchemar affreux me remplit d'épouvante :
J'ai rêvé... que j'étais clysopompe à mon tour,
De vos soins assidus entouré nuit et jour.

Vous me plongiez soudain au fond d'une cuvette,
Vous pressiez mon ressort d'une main inquiète,
Sans vous douter, hélas! que votre individu
Contre mes yeux n'était nullement défendu.

Et moi je savourais l'horizon grandiose
Que je devais, madame, à ma métamorphose.
Si bien qu'en m'éveillant j'étais convaincu
D'avoir toute la nuit contemplé votre.....

BALLADE

DES DÉPLAISANTS CULS-DE-JATTE

Depuis le matin jusqu'au soir
Guettant les âmes généreuses,
Nous naviguons sur le trottoir,
Assis sur nos cuisses cagneuses
Dans des voitures merveilleuses,
Et nous bousculons les passants
Pour qu'ils soient plus compatissants,
La police à nous s'accoutume,
Mais nous nous moquons des agents
Quand nous roulons sur le bitume!]

Parfois il se met à pleuvoir
Sur nos troupes tumultueuses,
Alors nous nous penchons pour voir
Par-dessous les dames rieuses
Qui relèvent leurs balayeuses :
Quand on voit des bas éclatants,
Ça console du mauvais temps !
Puis, pour se sécher, on s'allume
Un brûle-gueule entre les dents
Quand nous roulons sur le bitume !

Mais voilà que le désespoir
Courbe nos têtes soucieuses.
Les temps sont durs, il va falloir
Chômer : adieu les nuits joyeuses
Où l'on trinquait avec des gueuses !
Nous avons tant de concurrents !
Les gens passent indifférents ;
Les chiens même, pleins d'amertume,
Ne flairent plus nos bienséants
Quand nous roulons sur le bitume !

ENVOI

Reines des trottoirs opulents
Qui vous promenez à pas lents
Dans un riche et galant costume,
Envoyez-nous donc des clients
Quand nous roulons sur le bitume !

SONNET

DES PALES MACHABÉES

Depuis Choisy-le-Roi jusqu'au pont de Suresnes
On les voit lentement flotter au fil de l'eau,
Ils ont le teint blafard comme un tronc de bouleau,
Leur ventre a le ton bleu des mortelles gangrènes.

Ah! qu'ils sont laids à voir pendant les nuits sereines
Alors qu'un hydrogène impur gonfle leur peau
Comme un chasselas bien mûr de Fontainebleau...
Et l'on entend au loin le doux chant des sirènes!

Ils s'en vont par morceaux et nous les achevons :
Des citoyens faisant de longues enjambées
Vont les cueillir avec des perches recourbées.

O vieux fleuve blanchi par l'âge et les savons,
Rejette de ton sein les pâles machabées,
Car cette eau-là, vois-tu, c'est nous qui la buvons!

BALLADE

DE LA DEMOISELLE CHAUVE

❧

Sachez que j'ai baisé sa chevelure, un soir,
Préludant aux douceurs d'une nuit tarifée !
Pareille aux rayons d'or d'un vivant ostensoir
Elle encadrait si bien sa tête décoiffée
Qu'elle a ravi mes yeux ! O blonde ébouriffée,
Que j'appelais alors la belle au bois dormant !
Mais, depuis, jamais plus je ne fus son amant !
Elle n'était, hélas ! cette auréole fauve,
Qu'un simulacre vain, un trompeur ornement !
Laissez dormir en paix la demoiselle chauve !

Au banquet de l'amour allez donc vous asseoir,
Naïf passant qu'appelle une voix étouffée !
Croyez donc aux cheveux qu'on déroule au boudoir !...
Le démon du désir, nocturne coryphée,
Guette avec des parfums votre tête échauffée.
La charmeuse se frise avec acharnement,
Croyant qu'on peut user du fer impunément !
Elle entasse à plaisir verveine, iris, guimauve,
Jusqu'au jour où son crâne est nu complètement !
Laissez dormir en paix la demoiselle chauve !

Chauve à vingt ans ! J'ai fui sans avoir dit bonsoir,
Emportant avec moi les nattes de la fée !
Et depuis sa beauté n'a plus de repoussoir.
J'ai suspendu chez moi ce curieux trophée,
Muni d'une étiquette avec soin paraphée !
O femme, ta toison n'est plus qu'un document
Que je vais contempler philosophiquement !
Malheur à qui n'a plus l'illusion qui sauve,
Et devant des cheveux fait encore un serment ;
Laissez dormir en paix la demoiselle chauve !

ENVOI

Prince, chez qui j'ai vu tout un assortiment
De cheveux féminins rangés artistement,
Si vous aimez toujours, et, d'alcôve en alcôve,
Si vous fauchez encore la moisson de l'amant,
Laissez dormir en paix la demoiselle chauve !

A FONTAINEBLEAU

RONDE

Un soir, à Fontainebleau,
Une carpe centenaire,
Sortant sa tête de l'eau,
Dit : — C'est extraordinaire,
Dites-moi donc qui je vois,
Carpillons, carpillonnettes,
Dites-moi donc qui je vois
Se promener près du bois?

— C'est peut-être un roi puissant
Qui vient près de nous, grand'mère,
Se reposer en passant
Des fatigues de la guerre !
— Si c'était un puissant roi,
Carpillons, carpillonnettes,
Si c'était un puissant roi,
Il aurait beau palefroi!

— C'est peut-être un empereur...
Voyez son regard céleste
Et son front plein de candeur,
Comme il est simple et modeste !
— Si c'était un empereur,
Carpillons, carpillonnettes,
Si c'était un empereur !
Il aurait garde d'honneur!

C'est un prince, pour le moins,
Favori de la fortune,
Il vient ici sans témoins
Rêver au clair de la lune!
— Non, car un prince du sang,
Carpillons, carpillonnettes,
Non, car un prince du sang
Serait d'or éblouissant !

— Plus de prince, d'empereur,
Ni de roi... joie éphémère !
Il est parti, quel malheur !
Le reverrons-nous, grand'mère ?
— Ne vous désolez pas tant,
Carpillons, carpillonnettes,
Ne vous désolez pas tant,
Car c'est notre président !

LE PARAPLUIE

A l'ami Plet.

Le premier jour de mars allant à Charenton,
Je m'étais acheté, craignant les giboulées,
Un beau parapluie aux baleines effilées
Emmanché de bois noir et couvert en coton.

J'arrivai sur le quai crotté jusqu'au menton ;
Le vent faisait courir les dames dévoilées
Et l'espace était plein de choses envolées.
Mais voilà qu'en mettant les pieds sur le ponton,

Mon emplette m'échappe et tombe dans la Seine ;
Pas un homme de cœur pour lui porter secours.
Ainsi disparaissez, illusions, toujours.

L'été suivant, non loin de la Samaritaine,
Un pêcheur qui n'avait rien pris depuis trois jours
En retirant sa ligne y vit une baleine.

REVUE DU CONSEIL MUNICIPAL

Le Président

Air : *La Soupe aux choux.*

Tout à l'égout !
C'est une riche idée.
Tout à l'égout !
L'eau d'la Seine a trop d'goût.
Quand par malheur on en boit un'gorgée,
Ça vous laiss' comme un parfum d'machabée,
Tout à l'égout !
Tout à l'égout !

TOUS

Pan, pan, qui nous appelle ?
Pan, pan, qui frappe en bas ?
Pan, pan, monsieur Poubelle !
Pan, pan, je n'ouvre pas !

M. Daumas

(Devant la porte du souterrain de l'Hôtel de Ville.)

Air : *Ma Clef.*

La clef,
La clef,
On a chipé la clef,
La clef du souterrain,
On a peur d'un coup d'chien.
Si notre hôtel est pris,
La Garde de Paris
Passera par ce trou, trou, trou, la, la,
Trou, la, la,
Passera par ce trou-là !

TOUS

Pan, pan, qui nous appelle ?
Pan, pan, qui frappe en bas ?
Pan, pan, monsieur Poubelle !
Pan, pan, je n'ouvre pas !

M. Joffrin

(A propos du bal de l'Hôtel de Ville.)

Air de *Fualdès.*

Vraiment de donner des fêtes
Nous sommes tous dégoûtés.
Paraît que nos invités
Ont voulu s'payer nos têtes.

Ils ont brisé, cassé tout,
Et fait des horreurs partout !
C'est pas pour leur fair' des r'proches,
Mais, quand on les fait danser,
Ils pourraient bien s'dispenser
D'mett' les couverts dans leurs poches.
Heureus'ment qu'ils sont volés :
C'était du métal anglais.

TOUS

Pan, pan, qui nous appelle ?
Pan, pan, qui frappe en bas ?
Pan, pan, monsieur Poubelle !
Pan, pan, je n'ouvre pas !

M. Paul Déroulède

(Sur la place de l'Hôtel de Ville, suivi de 50.000 gymnastes.)

Air de *l'Apothicaire.*

Patriotes, ralliez-vous
Aux basques de ma redingote !
Les députés en sont jaloux,
Y en a pas un qui la dégote.
Elle a fait le tour des salons
En France, en Espagne, en Russie.
Elle me pend sur les talons :
C'est pour mieux sauver la patrie ! (*bis*).

TOUS

Pan, pan, qui nous appelle ?
Pan, pan, qui frappe en bas ?
Pan, pan, monsieur Poubelle !
Pan, pan, je n'ouvre pas !

Le Préfet de la Seine

(Devant la porte de l'Hôtel de Ville.)

Air : *Au clair de la lune.*

Au clair de la lune
Messieurs du conseil,
Je n'ai pas de turne
Et crèv' de sommeil !

Sur mon dos j'apporte
Ma malle et mon pieu...
Ouvrez-moi la porte
Pour l'amour de Dieu !

TOUS

Pan, pan, qui nous appelle ?
Pan, pan, qui frappe en bas ?
Pan, pan, monsieur Poubelle !
Pan, pan, je n'ouvre pas !

COQUIN D'POPULO!

PLAINTES D'UN CONSEILLER MUNICIPAL APRÈS LE BAL
DE L'HÔTEL DE VILLE

Vraiment de donner des fêtes
　　Nous somm' dégoûtés.
Qu'est-c'qui s'est payé nos têtes ?
　　C'est nos invités !
Ils ont trouvé Joffrin bête
　　Et Chabert pas beau.
Ils ont blagué not' binette.
　　Coquin d'populo ! (*bis*).

D'abord, j'aperçois Lisbonne
　　Rev'nu d'l'île des Pins,
Qui r'connaissait plus personne
　　Parmi ses copains.
Il avait un' queu' d'morue
　　Comme un aristo,
On l'acclamait dans la rue...
　　Coquin d'populo ! (*bis*).

Ensuite, à la ritournelle
    D'la premièr' polka,
On voit arriver Poubelle :
    Qu'est-c' qu'il vient faire là ?
Au lieu d'le mettre à la porte
    Comm' c'était son lot,
V'là la foule qui l'escorte...
    Coquin d'populo ! *(bis)*.

Pendant un' valse charmante
    Faisant un p'tit r'pos,
A ma danseus' je présente
    L'assiette aux gâteaux.
« Merci, j'ador' la brioche
    Mais j'en ai bien d'trop,
J'vas mett' tout ça dans ma poche ! »
    Coquin d'populo ! *(bis)*.

Moi qui ne r'çois, je l'confesse,
    Que du mond' très bien,
J'm'étonn' de voir un' jeunesse
    Coiffée à la chien.
La voilà qui lèv' sa quille
    De plus en plus haut...
Y avait là tout' sa famille :
    Coquin d'populo ! *(bis)*.

Les enfants d'la République
A qui l'on apprend
Qu'la plus belle vertu civique,
C'est d'êt' tempérant,
Ils ont râflé nos sandwiches
Et bu tout l'sirop,
En disant qu' c'était pas riche.:.
Coquin d'populo! (*bis*).

Ils sont partis, la bouche pleine,
En cassant nos fleurs,
Et sur not' beau parquet d'chêne
Laissant des horreurs.
Enfin, pir' qu'un lundi d'paye!
C'est pas rigolo
D'fair' danser un' cliq' pareille :
Coquin d'populo! (*bis*).

UNE PLEINE EAU

La s'maine, et surtout l'dimanche,
Ça devrait pas êt' permis
De nager et d'fair' la planche
Dans l'eau qui coule à Paris.

A Paris, la Seine est trouble
Et ça n'est pas drôl' du tout
D'barboter dans du gras double;
J'm'en vas m'baigner à Chatou.

A Chatou, près d'la rivière,
Je me transporte aussitôt,
Mais j'me dis : « L'eau n'est pas claire,
Allons nous baigner plus haut. »

Je marche et j'arrive en face
Du dépotoir de Saint-Ouen,
Alors je fais un' grimace,
La Seine est jaun' comme un coing.

Je r'mont' le cours de la Seine
Toujours sur le bord de l'eau
En m'disant tout bas : « Pas d'veine,
Allons nous baigner plus haut! »

Plus haut, près du pont d'Asnières,
J'm'apprête à faire un plongeon,
Mais le fleuv', chos' singulière,
Est plus noir que du charbon!

Je r'mont' le cours de la Seine
Toujours sur le bord de l'eau,
En m'disant tout bas : « Pas d'veine,
Allons nous baigner plus haut! »

Au détour de Courbevoie,
Je m'écrie : « C'est là, parbleu!
Que j'me baign'rais avec joie;
Mais le liquide est tout bleu! »

Je r'mont' le cours de la Seine
Toujours sur le bord de l'eau,
En m'disant tout bas : « Pas d'veine,
Allons nous baigner plus haut! »

Bientôt j'arrive à Suresnes
Près d'un site ravissant,
Mais soudain je vois la Seine
Qui devient couleur de sang!

Je r'mont' le cours de la Seine
Toujours sur le bord de l'eau,
En m'disant tout bas : « Pas d'veine,
Allons nous baigner plus haut! »

Plein d'une ardeur opiniâtre,
Je pousse jusqu'à Meudon;
Mais là, le fleuve est blanchâtre
Et roul' des flots d'amidon!

Je r'mont' le cours de la Seine
Toujours sur le bord de l'eau,
En m'disant tout bas : « Pas d'veine,
Allons nous baigner plus haut! »

Enfin, trouvant l'eau moins grasse,
Je m'décide à Billancourt;
J'piquc un' tête dans la carcasse
D'un chien crevé d'puis quinz'jours!

Depuis c'jour-là je m'méfie
Et chaq' soir de huit à neuf
Je m'en vais sans cérémonie
Tirer ma coup' sous l'Pont-Neuf!

LE GÉNÉRAL

SOUVENIR DU POPULO

Air : *Parlez-nous de lui, grand'mère.*

Devant la photographie
D'un militaire à cheval,
En habit de général,
Songeait une femme attendrie.
Ses quatre petits enfants
Disaient : Quel est donc cet homme ?
Mes fils, ce fut dans le temps,
Un brave général comme
On n'en voit plus aujourd'hui.
Son image m'est bien chère,
    M'est bien chère !

« Parlez-nous de lui, grand'mère, ⎱ *bis.*
   Parlez-nous de lui ! » ⎰

Il me souvient de sa gloire,
Car, partout où l'on entrait,
Était cloué son portrait.
Les chansons disaient son histoire.
Il était sur les journaux,
Dans les pièces d'artifice,
Aux quatre points cardinaux.
Je l'avais en pain d'épice...
Mais où donc l'ai-je rangé ?
Il n'est plus sur l'étagère,
          Sur l'étagère !...

« Nous l'avons mangé, grand'mère, }
          Nous l'avons mangé ! »   } *bis.*

De l'armée, il fut le père,
Donnant à chaque repas
Bonne morue aux soldats.
Ça rendit leur mine prospère.
C'est lui qui des trois couleurs
Orna les guérites blanches,
On eût dit de loin des fleurs
Et ce n'était que des planches !
Mais depuis qu'il n'est plus là
Tout noircit sous la poussière,
          Sous la poussière...

« On les repeindra, grand'mère, }
          On les repeindra. »   } *bis.*

Quand on brisa son épée,
Je disais : « Il reviendra
Lorsque le tambour battra ! »
Mais comme je m'étais trompée !
Dès ce jour, ô désespoir,
On ne vit plus dans la plaine
Galoper son cheval noir.
Si profonde fut ma peine
Que ma tète s'égara.
Et depuis je désespère,
      Je désespère...

  « Dieu vous le rendra, grand'mère, ⎫
     Dieu vous le rendra. » ⎭ *bis.*

Un soir, oh ! je l'ai vu presque,
A la gare de Lyon.
Il a passé comme un lion.
Ce fut un tableau gigantesque :
Chacun courait se coucher
Devant la locomotive.
Moi je voulais le toucher
(J'étais plus morte que vive),
Mais Paulus m'en empêcha ;
Il me mit bien en colère,
     Bien en colère !...

 « Paulus était là, grand'mère, ⎫
    Paulus était là ! » ⎭ *bis.*

Un matin, dans notre rue,
Avec Laguerre il passa.
On se pressait pour voir ça.
J'étais aussi dans la cohue.
Oh ! voir ses bottes de cuir,
Oh ! contempler sa moustache,
Sa barbe blonde... et mourir !
On se bouscule, on se fâche
Et je laisse sous les coups
Quatre dents, mais j'en suis fière,
Oui, j'en suis fière...

« Quel beau jour pour vous, grand'mère, } bis.
Quel beau jour pour vous ! »

MARCHE DES SCOLAIRES

Air : *Il était une fois quatr'hommes.*

Il était un' fois quat' mioches
Conduits par un caporal.
C'était l'bataillon sans r'proches
Des scolaires de Bougival.
L'un mangeait du pain d'épice,
Le deuxièm' du chocolat,
L'troisième suçait du réglisse
Et l'quatrièm' son p'tit doigt.

    Et moi, les mains dans mes poches,
    Je m'disais en voyant ça :
          Oh! la! la!
    Qu'est-c'qui mouch'ra tous ces mioches!
          Oh! la! la!
    Qu'est-c'qui mouch'ra ces mioch'-là!

Soudain la troupe héroïque
Voit un bout de cigare éteint
Qui gisait, mélancolique,
Abandonné du destin.

Tous quatre avec frénésie
Tomb' dessus comm' des vautours.
L'premier dit : « Pas de jalousie,
On l'fum'ra chacun son tour. »

    Et moi, les mains, etc.

Tout en faisant d'la fumée,
Ils entrent chez l'mastroquet,
L'deuxièm' dit : « C'est ma tournée,
Moi j'm'enfile un perroquet! »
« Patron, servez-nous du raide, »
Fait l'troisième, un p'tit pâlot;
L'quatrièm' dit : « J'intercède
Pour un verr' de picolo! »

    Et moi, les mains, etc.

Les voilà près d'la boutique
Au grand épicier du coin,
Qui faisait d'la politique
A cent pas d'son magasin.
Tout à coup l'premier s'écrie,
En montrant un grand baquet :
« C'est d'la mélass', je l'parie,
Mince c'qu'on va s'en flanquer! »

    Et moi, les mains, etc.

Saisissant l'moment propice,
Ils font semblant d'se cogner
Pour fair' sauver la police
Qui commence à les lorgner.
Le plus grand, l'ivress' dans l'âme,
Plong' son sabre dans l'tonneau,
Y en a deux qui suc' la lame
Et deux qui suc' le fourreau.

Et moi, les mains, etc.

« Sapristi, j'ai la colique,
Fait l'quatrièm' tout d'un coup ;
Faut qu'on s'soit trompé d'barrique,
C'était pas sucré du tout ! »
« Et moi j'ai l'feu dans la tête,
J'crois qu'c'était du savon noir ;
Faut-il que l'épicier soit bête,
Nous allons mourir ce soir ! »

Et moi, les mains, etc.

Vint à passer Déroulède,
Il aperçut les gamins
Qui criaient tous quatre : « A l'aide! »
En s'tordant l'ventre à plein' mains.
D'un geste patriotique
Les réchauffant sur son cœur,

Il dit : « Viv' la République,
J'ai sauvé quatr' z'électeurs ! »

Et moi, les mains dans mes poches,
Je m'disais en voyant ça :
    Oh ! la ! la !
Qu'est-c'qui mouch'ra tous ces mioches !
    Oh ! la ! la !
Qu'est-c'qui mouch'ra ces mioch'-là !

L'ÉLECTEUR EMBARRASSÉ

Air : *Bureau de placement.*

Près de la porte Saint-Martin,
Passant la veillé du scrutin,
J'vis un homme' qui collait à plat
    L'affich' d'un candidat !

Je m'approche, en disant comm'ça :
Les candidats, ma foi, j'm'en fiche,
Mais'y a du bon sur cette affiche,
Votons pour ce citoyen-là !

Un autre homme arrive soudain,
Un grand pot de colle à la main,
Sur le mur, il coll' tranquillement
    Un nouveau boniment !

Je lis le morceau tout entier,
Pas faché d'êt' fixé tout d'même,
Je m'dis : Votons pour le deuxième,
Il promet plus d'chos' que l'premier !

Un autre homme arrive à grands pas
Avec un tas de papiers sous l'bras;
Sur le mur il coll' tranquillement
  Un nouveau boniment!

Je lis la chose tout du long,
Pas fâché d'èt' fixé tout d'même :
Votons plutôt pour le troisième,
Il en promet plus que l'second.

Le colleur s'enfuit tout à coup,
Un autre s'amène à pas d'loup;
Sur le mur il coll' rapid'ment
  Un nouveau boniment!

Intrigué, je m'approche encor,
Je lis l'affiche, et j'dis : Tout de même
Faut voter pour le quatrième,
C'est un homm' qu'est joliment fort!

Pendant qu'j'étais là l'nez en l'air,
Un homme accourt comme l'éclair,
Sur le mur il coll' proprement
  Encor un boniment.

Allons, me dis-je entre mes dents,
Je donn'rai ma voix au cinquième,
Vraiment celui-là c'est la crème,
Il enfonc' tous les précédents!

Une troupe arrive à ces mots
Avec des échell' et des pots,
Sur le mur ils coll' tranquill'ment
    Chacun un boniment!

Et tout ça disait : « Électeurs,
On vous blagu' sous toutes les formes;
Y a qu'moi qui f'rai des réformes,
Les autres sont tous des menteurs! »

Partout où plongent mes regards
On colle de nouveaux placards,
Où, sans façon, les candidats
    Se traitent de goujats.

Pour sûr, entre eux, ils vont s'manger,
Pensai-je, en reprenant ma route;
Tout' ces affich'là, ça m'dégoûte,
J'vot'rai pour le brav' Boulanger!

Le lend'main matin, pour finir,
Ne sachant plus à quoi m'en t'nir,
De peur de m'laisser monter l'coup,
    J'ai pas voté du tout!

SUICIDE EN PARTIE DOUBLE

Dans un cabaret de Grenelle,
En cabinet particulier,
Une jeune fille très belle
Soupait avec un clerc d'huissier.
Après avoir mangé les huîtres,
En buvant le coup du milieu,
Ils rédigèrent deux épîtres,
Un dernier et touchant adieu :

(*Largo*.)   Mourons ensemble
                Pour être heureux ;
                La mort rassemble
                Les amoureux !

Pendant qu'à ce couple si tendre,
Un garçon monte le café,
Deux coups de feu se font entendre
Et puis un soupir étouffé.
On accourt, on ouvre la porte...
Triste scène, horrible décor !
La jeune fille qu'on emporte.
En expirant murmure encor :

(*Decrescendo.*) Mourons ensemble, etc.

On porte secours au jeune homme.
Immobile comme un paquet,
Il n'est pas mort, mais c'est tout comme ;
Son sang inonde le parquet.
— Vraiment, dit le patron, c'est drôle
Comme on se tue en ce moment ;
En voilà quinze à tour de rôle
Qui font le même testament !

(*Andantino.*)   Mourons ensemble, etc.

— Maladroit ! s'écrie en colère
Le docteur qu'on a dépêché :
Pourquoi faire le veau par terre
Quand on s'est à peine touché ?

— C'est Hortense qu'elle s'appelle,
Dit en pleurant le clerc d'huissier ;
Je voulais mourir avec elle,
La preuve en est sur le papier.

(*Languido.*)   Mourons ensemble, etc.

Après une longue querelle
Je lisais ce drame à Stella :
« O mon chéri, s'écria-t-elle,
Faisons comme ces amants-là ! »
C'est demain matin qu'on se noie
(Faut-il qu'un amour soit profond !) :
Je ferai la planche avec joie
Pendant qu'elle ira boire au fond !...

(*Allegretto.*)   Mourons ensemble
           Pour être heureux ;
           La mort rassemble
           Les amoureux !

L'OMNIBUS DE LA PRÉFECTURE!

Air : *Bateau de fleurs.*

❦

Pour trimballer son postérieur
Y en a qui grimp' sur l'impériale ;
Les gens rupins dans l'intérieur
S'empil' comm' des ch'mis' dans un' malle.
Moi j'voyage en voiture aussi
(C'est pour ménager ma chaussure) :
Pour me ballader j'ai choisi
L'omnibus de la Préfecture !

Dans les omnibus, voyez-vous,
On y voit tout' espèc' de monde :
Des zigoyos qu'a l'œil en d'ssous
Et qui barbott' dans vot' profonde !
Il s'y fourr' de dròl' de clients :
Des curés, d'la magistrature ;
On est bien plus à l'aise dans
L'omnibus de la Préfecture !

Le bourgeois qu'aboul' ses trois ronds
Il connaît pas l'économie.
Plus souvent que j'donn'rai mes fonds
Aux conducteurs d' la Compagnie !
Moi, pas si bêt' que j'en ai l'air,
C'est à l'œil que j' roule en voiture :
Il est magnifique et pas cher
L'omnibus de la Préfecture !

Bien des fois on s' dit : « C'est parfait,
J'vas prend' l'omnibus dans la rue.
Le v'là qui pass'…. vlan, c'est complet, »
Pendant une heure on fait l'pied d'grue
Sous la plui', la neige…. et voilà
Comment qu'on pince un' courbature….
Il pos' pas des lapins comm'ça,
L'omnibus de la Préfecture !

C'matin m'arrive un accident…
Comment vous conter la nouvelle?
Rapport à mes antécédents
J'vas faire un tour à la Nouvelle !
Bien loin de ceusses que j'aimais….
Sous une autre température!
Dir' que je n' verrai plus jamais
L'omnibus de la Préfecture !

TABLE

Typ. Paul Schmidt, 5, avenue Verdier, Grand-Montrouge.